JN437753

보내지 않은 이별

보내지 않은 이별

김다원 시집

Poems by Kim da won

동학사

■ 서문

숲이다. 벽에 걸어놓고 겨우내 보았던 숲이다.

뒷산에 올랐다가 잎이 싱그러운 나뭇가지 두 개를 주웠다. 태풍에 휘둘렸나 보다. 그늘에 말려야 푸른색을 유지할 수 있겠다 싶어 벽에 걸어두었다.

볼 때마다 숲이 가슴에 안겼다. 바람이 심한 날이면 쏴쏴 파도 소리를 몰아왔고, 소나기 한줄기 쏟는 날이면 자동차 경적도, 아이들 울음도 감싸 안았다. 나는 자주 그들의 파티 속으로 들어갔다.

초록이 창밖에서 술렁거리던 날, 벽에 걸었던 가지를 책상 위에 내려놓았다. 바삭바삭! 소리가 좋다. 가을과 겨울을 지나 열정과 숙고의 삶을 살았다고 말하는 듯 했지만 버리기로 했다. 그러자 이미 버린 것들이 생각났다.

남편이 갑자기 세상을 등진 후 집을 정리했다. 집에 들어설 때마다 무거운 마음이 밀려들었다. 소중한 것이 없었다. 돌침대, 손때 묻은 가구, 눈길 손길로 정을 쏟던 화초, 고운 문양이 새겨진 그릇도 버렸다. 좀 더 나이 들면 쓰겠다던 그이의 중절모까지도. 불현듯 버린다는 것과 비운다는 게 같다는 생각이 들었다.

비운 자리엔 무엇이 들어설까? 바람 한 줄기, 마른 검불 몇 개, 새로 돋는 풀….

씨가 날아와 자라난 나무일까. 아니면 하늘 가득 바람 부는 날 그렁그렁해지는 눈동자일까. 어쩌면 예쁠 것도 없고 특별할 것도 없는 날들이 그냥 그렇게 가는 거라고 중얼거리는 잠깐의 시간일지도 모르겠다.

나뭇가지를 버리려고 창문을 여니 밖이 환했다. 백일홍이다. 화관을 쓴 나무가 꼭 남편이 쓴 모자 같다는 생각이 들었다. 바람이 꽃잎을 흔들면 그이의 밝은 웃음소리가 화르르 내릴듯하다.

나뭇잎에 물기가 마르고 또다시 꽃잎이 벙그는 공간에 나는 몇 편의 글을 놓고 징검다리 건너듯 왔을까?

괜찮다. 다 괜찮다.

그이가 왔다.

2019년 여름

김다원

차 례 김다원 시집_ 보내지 않은 이별

■ 서문 4
■ 작품해설 101

1

빗방울 편지•11
서 있는 여자•12
끝이 슬프던 오후•13
토닥토닥 언니•14
청춘의 새벽•16
환희•17
단상斷想•18
목 백일홍•20
사랑이 돌아설 때는•21
詩가 오는 순간•22
손톱을 깎으며•23
동행•24
그녀•25
목도하다•26
파랑새•27
용서•28

2

청혼•31
그대 듣고 있나요•32
목이 긴 남자에게•34
그저 이별•36
보내지 않은 이별•38
미련•39
당신을 좋아하는 건•40
그대의 등•42
염원•43
그대 속의 시냇물•44
숲속•46
운명처럼•47
혼돈의 미소•48
찰랑거리는 슬픔•50
민들레•51
언제쯤•52
눈물이 없습니다•54

3

대화 • 57
목련꽃 • 58
풀꽃마을 1 • 60
풀꽃마을 2 • 61
솜방망이 꽃 • 62
동감 • 63
아버지의 등 • 64
이사 • 66
길을 묻다 • 67
어머니의 밤 • 68
망초꽃 • 70
칠월의 숲 • 71
팔월의 노래 • 72
그리고 경계 • 74
아이들의 사물놀이 • 76

4

봄비 • 79
스페인의 아침 • 80
종로 거리 • 82
비 • 83
호수 • 84
새벽 • 85
4월 • 86
5월의 남산 • 88
비 오는 날 • 89
폭서 • 90
입추 • 92
숲이 있는 저녁 • 93
순수는 은총처럼 • 94
가을을 흔들다 • 96
가을이네 • 97
감 도둑 • 98

1

빗방울 편지

노르웨이 숲길에서
자작나무 하얀 옷 두 손으로 받아
커피잔 속에 떨어지는 빗방울로
편지를 쓴다

잠시 머물렀던 너
바람처럼 보냈어도

눈 감아도 휘도는 향처럼
그림자로 앞서는 너를 이유로
어느 골목 하얀 벽이라도 본 날이면
꿈속처럼 그냥 울었노라고

네가 부르던 노래 한 소절
무심한 듯 따라 부르다
찻잔 천천히 밀어 놓고
너를 생각한다고

서 있는 여자

어딘가
쿵쾅거리는 바람이 있다고 했다
으르렁거리는 목련꽃도 있다고 했다

찾아가기로 한 봄날이 사라졌다
몸져누운 가을도 사라졌다

아픈 배를 쓰다듬으며 병원을 생각하다가
마음도 쓰러졌다

엘리베이터를 타야할 한 줌 영혼을
더듬어 찾는다

끝이 슬프던 오후

나 없이도
잘 지낸다는 말에
우리 사랑이 끝난 날을
더듬어 보다가

잿빛 구름 끝이 보이던 순간이든가
그 구름 위로 태양이 떠오르던 순간이든가
신발 끈 매다 끄덕이며 고개 돌리던 슬픔

굽은 등에 빨간 망토 얹어주던 풍경
내려놓고
아침을 열고 나온 영혼은
운명이란 말을 조용히 내민다

토닥토닥 언니

숨 돌리고 서서 돌아보는 길
긴 길이었나요
짧았나요
가던 길 멈추고 허리 펴는 시간
환영합니다

행복을 안고 사는 이는
기쁘다고 합니다
남의 아픔을 살필 줄 아는 이는
너그럽다고 합니다

커다란 세상에서 환한 빛으로 사셨으니
이젠 쉬라고 보낸 자리
잠옷같이 헐렁한 옷 입고
빙빙 돌아보세요

멈춰서서 두 팔 벌려 눈 감으면
제짝 찾느라 분주한
종달새 소리 가까이 오고

가지에 물 올리느라 붉어진
버들강아지도 보이더이다

산을 보라 신호가 오면 산으로 가고
강을 보라 신호가 오면 강으로 갑시다
아이가 되어 같이 갑시다

사랑 가득한 눈 반달로 만들면서
토닥토닥 언니
같이 갑시다

청춘의 새벽

눈이 두 배로 커진 개구리
속눈썹 내린 빌딩숲에서 밤새워 울고

가끔 흔들리는 몸은
자꾸만 끊어지는 선을 잇고 있다

시간을 먹는 커다란 괴물
딸랑딸랑
쟁반 같은 눈 앞세워
아침을 몰고 오면

태양을 그리는 손
가늘게 떨고
붉은 화폭 가득
물이 번지고 있다

환희

이불을 펼 때나 책장을 넘길 때
햇살이 행복하게 내린 거실에 있을 때
빛 속에 유영하는 먼지, 저 가벼운 자유들

천국의 영혼이 춤추는 듯
아름답다

바람 없는 고요의 순간에도
눈꺼풀 내린 침잠의 순간에도
너의 심장은 뛴다

위아래 좌우 상관없이
우주보다 더 큰 무한으로

환희다

단상斷想

눈물 1.

검은 바닥에 하얀 빗방울

기다림이 끝나면 죽는 것.

눈물 2.

너는 가고 그의 아내는 검은 저고리 속에서 구겨진 종이처럼 내팽겨져 있다. 한 줄기 바람 너머에선 목신이 나른한 잠에 빠져있고 신들의 세계를 탐한 거인들은 무너진 건물 속에서 신음 중이다.

눈물 3.

까악까악 까마귀 소리 사이에 그녀도 악악 소리를 낸다. 입을 많이 벌리는가보다. 슬며시 그녀의 손을 잡았다가 등을 쓸다가 천천히 안아 준다. 구겨진 종이를 바닥에 놓고 싹싹 쓸어 펴주고 싶다. 그녀의 몸무게를 더하여.

눈물 4.

먼 산에선 새가 뻐꾹 뻐꾹 아득한 세상이 있다고 울고 대문 옆에선 크르렁 크르렁 지축을 흔드는 기계가 바쁘다. 그녀의 머리 너머 상수리나무가 천천히 고개를 끄덕인다. 셀 수 없이 많은 언어들은 나뭇잎에 제 이야기를 얹느라 여전히 분주하다.

눈물 5.

눈물 그녀는 빨랫줄을 천천히 손가락으로 더듬어가고 있다. 그녀의 손가락 위에서 나도 집을 찾고 있다.

목 백일홍

나무는
봄부터 익은 태양을
머리에 얹었다

벌거벗은 몸 위에
붉은 미늘들이 춤춘다

그 순간을 기다리느라
목이 길어진 그대가
같이 춤을 춘다

가슴이 뛴다

사랑이 돌아설 때는

사랑이 돌아설 때는 마음보다 얼굴이 먼저 돌아섰습니다. 처서가 왔다고 방송에서 말하기 전에 선들바람 한줄기 내게 왔더이다. 그 바람 속에서 아닌 척 눈 내려 감고 시치미를 떼고 있는 蘭은 바람둥이입니다. 곁에 놓고 자주 바라봐 주고 보듬어주면 다 사랑인줄 알았습니다. 싫어서 떠나는 듯 자꾸 잎이 말라 죽고 떨어지기에 감나무 그늘에 두고 잊었습니다. 두어 달 지난 뒤 옆에서 꽃대 두 개가 쑥 올라와 날 놀랍게 하더니 보란 듯 향을 날리며 꽃잎이 벌어졌습니다. 돌아서도 멀리 가도 선녀의 옷자락 살며시 지나간 자리같이 코를 벌름거리게 하는 얄궂은 사랑입니다. 버리고 살리라 놓고 살리라 수백 번 고개를 끄덕이다가도 땅 자랑 집 자랑으로 행복을 사는 사람들 앞에 서면 가슴이 쿵쿵 마음은 바빠집니다. 그 마음잡아 제 자리에 앉히기까지 또 다른 마음이 앞서려 합니다. '네 마음 밭이 다 그렇지' 다 아는 듯 서성이는 향을 미안한 마음으로 보냅니다. 애꿎게도 아픈 사랑이 돌아설 때는 마음보다 얼굴이 먼저 돌아섰습니다.

詩가 오는 순간

나뭇잎 흔들고 솟아오르는 휘파람 새
쫓다가
솔향 가득 안고 휘도는 바람에 스카프
날리다가
쓰러진 풀잎 일으키는 옅은 햇살에 손바닥
놓다가
그대가 울림으로 다가오는

그 때

한 땀 한 땀 지은 옷
창공에 탁탁 먼지 털어 입고
팔랑팔랑 팔 흔들며 나들이 나서는

그 때

손톱을 깎으며

빈 마루에 앉아
내게서 잘려나간 시간
반추한다

연꽃에 머문 향 품어온 바람은
봉숭아 시든 잎에 사연을 풀고

시간은
붉어가는 감 너머에
흰 구름인 양
하얗게 걸려있다

한참을 바라보다
그냥 버렸다

동행

화장기 없는 골목에서
늦은 다섯 시에 만난 친구가
손잡으며 하는 말

'네 손은 언제나 따스해'

거만하지 않은 햇빛이
낮은 담 따라 옅은 미소 지을 때

발끝에 머문 눈길로
눈물을 감췄다

가을 언저리에서
머뭇거리는 걸음 위에
노란 은행잎 하나 떨어졌다

그녀

그저
벚나무인가 했다

좀스러운 꽃잎 분분히 흩날릴 때도
폭염에 물기 잡아내느라 뿌리 붉도록 힘을 줄 때도
석양에 적셔 잎 간직할 때도

나는 네가 그저
벚나무인가 했다

그러나 네가 누구보다 해를 탐했다는 것을
첫서리 내릴 때에야 알았다

너, 화려한 드레스 아무렇지도 않게 벗어놓고
조용히 잠자리에 들어
나, 옷자락 집어 들고
손끝 파르르 떨고 있다

목도하다

꿀차에
죽은 벌이 들어있다
휘휘 젓다 수저로 떠내고
하느님이 마신다

눈 덮인 산속으로
누군가 들어가고
석양은
그림자로 덮어준다

숨은 별들
눈동자 굴리며 불안에 떨고
마른 나무들
수선스럽게 너스레 떤다

파랑새

자작나무 하얀 손을 잡고도
외롭지 않다

바람을 갈라 숨결을 찾는 사이
허둥거리며 오는
그대 발걸음 숲을 흔드니

갈 짓자 걸음으로
창호지 문 덜컹 열고 오는
그대 손 뜨거우니

높이 걸려있는 방패연 같은 웃음
소소하게 내릴 수 있는
하늘 있으니

하얀 팔 벌려 널 감싸 안는다
아가야

용서

사람은 용서하고 용서받고 그래요
컴퓨터와 열애를 하다가 머리를 젖히면
몸이 말해요
무리하지 말라고요

맞아요
나도 들어요
아마존 밀림이 지르는 비명을
아프리카 먼지바람의 한숨을

무시하고 살아요
죽음이 눈앞에 와 있어도
못 본 척 고개 돌려요

내 삶도 한 번뿐인걸요
뭐라고요?

2

청혼

그대가 오믈렛을 좋아했는지
파스타를 좋아했는지 모릅니다

가끔 이슬 마르지 않은
오솔길 걷기 좋아했고
붉게 물든 하늘을 보며 넌지시
미소 지은 것도 알고 있습니다
시큼한 마음 버릴 수 없을 때
한숨 길게 베개에 건넨 것도 말입니다

그래서 하는 말인데요
이제 희끗한 머리칼 두어 가닥 귀밑에 드린 얼굴
내게 기댈 수 있는지
바짓가랑이 이슬에 적시며
산길 들길 함께 걸을 수 있는지
묻고 싶습니다

그대 듣고 있나요

오월 넝쿨 숲 아래서
그대 머리카락을 헤쳤습니다
가슴을 헤쳤습니다

꽃이었습니다
향이었습니다

긴 자갈밭을 갈고 새벽안개를 헤치고 아침을 맞아도
가슴은 뛰었습니다

그대와 일군 밭에서 아이들의 아이들이 뛰놀도록
향기는 휘돌았습니다

먼 길 인사도 없이 떠난 후
그대를 찾아 헤맵니다
그대가 피웠던 꽃을 찾습니다

내 품에 안고도
그대의 체취를 머금고도

나는 그대를 그리워합니다

하늘은 멀고 커서 그대를 찾기엔 숨이 찹니다
하여 휘휘 저으며 찾던 그대를 두고
저만큼 꽃비가 내립니다

가슴에 손 얹고 자꾸만 부릅니다
듣고 있나요

목이 긴 남자에게

군중 속을 헤집고 당신에게 갔지요
안녕했느냐 말 한마디에
세월이 넘어왔어요

듬성듬성 보이는 정수리에
회리바람 머물렀다고
말하던 당신

바바리코트 속에 누추한 몸을 감춘 나는
후들거리는 다리를 곧추세우느라
하이힐 굽에 온 힘을 주었지요

구레나룻 수염이 잘 어울릴 것 같다는 내 말에
구레나룻 얼굴로 환하게 다가왔던 그대는
풀죽은 머리칼로 멋쩍은 인사만 되풀이하네요

안녕이란 말도 못 하고
사람들 틈에서 머뭇거리다 돌아서고는
아무 일 없었던 듯 먼 곳을 보았지요

멀리서 잠시 얼굴을 돌렸다 가는 당신 표정을
어두워진 내 눈이 잡지 못한 채
사진 속 인물처럼 남겨두고
나는 군중 속으로 다시 들어갔어요.

그저 이별

소식이 왔다
어둠을 직감한 몸이 흔들렸다
마른 입술을 달싹였다
이별의 의식이
가뭇가뭇 이루어지고 있었다

인사도 없이
포옹도 없이 떠난 그를
사진을 더듬으며 찾는다

깊은 주름
두툼한 입술
거친 피부
넉넉한 품 모두 갔다

한걸음 물러서서 묻는다
정말인가요?

사진 속 그는
여전히 따뜻한 미소
짓고 있다

보내지 않은 이별

슬픔이 없다
그는 갔는데

울음의 강은 나를 비켜
멀리 갔나보다

친구가 준 벌집 술 두어 모금에
가만가만 몸이 흔들린다
당신과 함께 흔들린다

슬픔이 없다
그는 갔는데

보내지 않은 이별은
이별이 아니다

미련

어젯밤 잃은 언어를
찾고 싶은데

아침이 걷어간 이슬처럼
지나간 시간처럼
씻긴 얼굴처럼

백지만 남았다

손을 쥐었다 놓으며
그대 흔적 찾는다

당신을 좋아하는 건

내가 당신을 좋아하는 건
아린 마음으로 전한 조용한 말을
그대로 거두어 줄 줄 아는
순한 마음 때문입니다

내가 당신을 좋아하는 건
살다가 나락으로 떨어져 허우적거릴 때
삐죽 입술 내밀고 팔짱낀 고집이 아니라
허리 구부려 걱정 어린 손 내미는
따스함 때문입니다

내가 당신을 좋아하는 건
때때로 휘도는 기분을 가늠해
상대의 거친 호흡을 오래 들어주는
섬세함 때문입니다

진정
내가 당신을 좋아하는 것은
얼굴을 내밀어야 할 때

당당히 보여주는
용기 때문입니다

그런 당신을 사랑합니다

그대의 등

개나리 꽃그늘 아래
그대가 간다
석양이 안내하는 길 따라
힛둥힛둥 잦은걸음으로

종달새는 먼지 내린 세월을 털고
나는 그대 뒷덜미의 햇살을 세다가
내가 올라 뭉개고 구르던 언덕을
천천히 더듬는다

노란 꽃은 팔을 벌리고

말간 웃음은
핫둘핫둘 발을 맞춘다

염원

당신이 주신 그릇이
기쁨으로 가득 차서
내 눈물
담을 곳이 없습니다

그래도 흐르는 눈물은
당신과 다시 만날 때
단장할 물로
간직하렵니다

그대 속의 시냇물

태풍에 잎사귀 하나 내어주지 않는
나무 있더냐

어깨에 손 얹고 정답던 그들도
쉬이 헤어지거늘

그냥 그렇게 만나 세월 녹이며 산 우리
누구 손이 더 거칠어졌는지
눈대중도 안 해본 걸

찔레꽃 향기 한 줄 건너와도
아린 눈에 앰한 돌멩이만
발끝에서 아픈 걸

성글어가는 머리에 칼바람 들까
갈대라도 물들여 덮어주고 싶은 마음
어깨 치는 걸

돌아누운 등에 얼굴 대고
가만히 듣는 그대 속의 시냇물
흐르고 흘러 어디로 가든

숲속

그대 걷는 숲에
바람이 오고 구름이 오고
새도 함께 날아갑니다

잔가지가 손을 흔들고
하얀 웃음이 하르르 퍼지면
하늘 그림자가 춤을 춥니다

소나무 하나에 까치집 하나
삼나무 하나에 까치집 둘
아카시아 꽃이 사방으로 미소를 보냅니다

나도
바람이 되고 구름이 되고
파랑새가 되어
그대와 함께 걸어갑니다

운명처럼

누군가 내게 운명처럼 온다면
나는 호젓한 산길에서 노란 아기붓꽃을 만난 듯
얼른 안을 거야
당신이 간 것을 운명으로 내려놓듯

아침 햇살 받은 미루나무 잎이 가늘게 떨 때나
붉은 망고 빛 배를 가진 새가 포르르 날아오를 때나
붕 하는 소리와 함께 버스가 떠날 때
언제나 당신은 그곳에 있었지

당신이 내게 왔듯 누군가
보름달 감싸는 은빛 달무리나
서산 저편 붉은 빛으로 온다면
오는 버스를 얼른 잡아 탈거야

시간이란
문득 다가서는 선물인 것을
알았으니

혼돈의 미소

고개를 갸웃하고 자랑하듯
웃음을 보내는
그이는

어깨를 흔들며 다리를 번갈아 구부려
춤추는 시늉을 하는
그이는

머리가 허연 해도
아이같이 가슴으로 파고드는
그이는

입가에 미소를 만들어 주는
천재입니다

곱다 할 것도 없고
자신 있다 할 것도 없는데
그이의 사랑에 풍덩 빠져
숙맥이 됩니다

그이를 닮은 아이들도
나만큼만 행복했으면 합니다

찰랑거리는 슬픔

그대가 짜놓고 간 시간의 그물이
나를 덮칠 때마다

검은 파도로 일렁이는 슬픔을
창호지 한 장으로 덮어놓고

누르고 있다
누르고 있다

민들레

지천이다
노란 너울이 초록 융단 위에서
춤을 춘다

손잡고 함께 돈다

그대가 온다
그대가 온다

빙빙 도는 군무 사이로
그대가 온다

언제쯤

까치 두 마리가 꼬리 깃 까불거리는 아침입니다.
나뭇가지 사이를 요란하게 넘나들며 사랑을 노래합니다.
당신은 좋아서 손가락으로 가리켰지요.

장다리꽃 흐드러진 냇가를 거닐 때나
품 너른 느티나무 깊어진 그늘에 쉬어갈 때
왜 아니 눈물이 나겠습니까

철이 나고 가슴 두근거릴 때 만난 당신
그때는 세상의 전부였습니다.
당신의 눈을 통해 보는 세상은
온통 아름다웠습니다.

바위에 부서지는 겨울 파도도 따뜻했던 건
당신이 있었기 때문입니다.
부드러운 당신의 미소 때문이었습니다.

어스름한 저녁 길에
당신을 생각합니다.

언제쯤 당신 없이 걷는 길에도
햇살이 떨어지는 아침이 올까요

눈물이 없습니다

친구는 나보고 눈물이 없다합니다.
그렇습니다.
당신과 함께 바람이 되고 눈이 되고
구름이 되어 떠다니기에
당신 가슴에 안겨 행복하기에
눈물을 흘릴 새가 없습니다.

당신 가슴 아직도 따스합니다.
봄 여름 가을이 두 번 지나도
여전히 내 품에서 웃고 있습니다.

당신과 내가 맞닿아 있는 한
눈물은 없습니다.
당신 가슴에서 온기를 느끼지 못하는 날
그때서야 진정 울겠습니다.

3

대화

잊었던
새싹 하나가
아가 기침 같은 소리로

누구 눈에 거만을 건넸는지
가슴에 가시 하나 박아 놓았는지
검은 멍울 하나 심었는지 모르는 시간을
장롱 위 먼지 조용히 쌓이듯 부려놓는 세월

거두고

마음 밭 더듬어 더하기 빼기를 잘해야 할 세월
서로 손 마주 잡아 가슴까지 덥혀주며 살 일
마음에 희망의 언어를 얹어줄 일
반달눈으로 미소 건넬 일

눈 맞춰 가슴 치는 너는
작은 정원의
스승님

목련꽃

볼 가득 가득
개선행진곡 넣어
하늘로 나팔 세우는 목련

햇살은 축복으로 내려오는데
겨우내 언 발 동동거리며
진액 뽑아 꽃대 올린 눈물

몰라
아무도 몰라

옥양목 치마 깡똥 동여매고
고샅 돌아오시는
어머니의 기도

몰라
아무도 몰라

목련꽃만 여명의 기쁨으로

저 혼자 화사한
봄
날

풀꽃마을 1

메마른 세상이라고
절벽 같은 세상이라고
몸 둘 곳 없다고
그만 주저앉기도 하지

눈에 보일 것 같지도 않은
풀꽃 씨 하나 떨어져
아름다운 세상 만들 듯
비좁은 자리 엉덩이 들어
나와 다른 이 앉히고

너도 와
너도 와

자갈 같은 마음 밭에도
소망 하나는 자랄 수 있어
손잡아주는
풀꽃마을

풀꽃마을 2

냉이, 봄맞이꽃, 현호색, 참나물, 쑥
다 모였다

많지?

단비를 기다리는 손
같이 흔들어

풀꽃 세상엔
키 재기 필요 없지

솜방망이 꽃

햇살 자잘하게 내리는 언덕
너는
수줍은 노랑 살며시 펴
솜이불 위에 얹고 있었지

참새 내리는 소리
종달새 하늘로 오르는 소리 듣다가
깜박 졸기도 했던가

내가 다가가도 몰랐지
발소리도
잔디가 바람에 눕는 소리로 들었는지 몰라

노랑 미나리아재비 반짝이는 잎도 기쁨이지만
순한 눈빛의 너
잊지 못해

가슴 콩닥거리는 순간
너와 마주친 것밖에 없는데

동감

어느 유명한 건축가는
집에 자연을 들였다며
눈 감고 팔을 벌렸다

나도 팔을 벌려
어린 날 봉창 부윰하게 물들이던
초승달 위에 누웠다

감은 눈 위에
아이들 까치발로 웃던 웃음소리 내려
안개꽃 사방으로 터지고

제비꽃 붓꽃
나붓나붓 자리를 폈다

별들의 콧노래가 미풍에 실려와
이마 위에 앉았다

아버지의 등

퐁당퐁당 냇물에 돌 던지던 날
뜬금없이
아버지의 꿈을 물었다

너털웃음이
걷어 올린 바지 아래
정강이를 타고 내렸고
삽에 묻은 흙도 슬그머니
살을 내렸다

검은 밤길을 더듬거나
때론 하얀 세상에
혼자 길을 내며 돌아오던 날들
꿈은 뒤 곁 대추나무 아래
눈물로 떨어지고

단지 아이들 밥 넘어가는
목구멍을 보는 건
아이들의 아이들을 보는 건

꿈이 아닌 북받치는 울음이란 걸

석양이 붉어진 눈으로
작아지는 달을 물들이고 있었다

이사

나는 석류나무 가지를 자르지 않았고
라일락 꽃대를 꺾지 않았다

.
.
.

이슬 걷고 거칠게 다가오는 햇살을
온몸으로 받는 석류꽃의 선홍빛 오르가슴
창 안에서 실눈으로 보았을 뿐

담장 너머 골목골목에 몸을 푸는
라일락의 젖은 신음을 들었을 뿐

그리고
고개 돌려 무거운 발걸음을
서둘렀을 뿐

길을 묻다

자주 달개비꽃 입술 닫는 시간에도
그의 가슴에 머물렀던 향을
더듬고 있다

개양귀비 한 송이
목을 늘이고 눈웃음 흘리는데

가엾이 시간은 가고

몸을 통째로 흔들어줄 바람
어디 있을까
그저 지나는 이에게 묻는다

어머니의 밤

쏴아~ 철썩
소나무 자귀나무 상수리나무
파도에 장단을 맞추는
밤이 있었다

둥글게 모여선 말들이 숨죽이며
머리를 밖으로 두면
새끼 한 마리가 우주를 열었다

내가 파도 소리를 무서워할 때면
엄마는
조용히 내 이마에 입을 맞췄다

태풍 지난 숲
떨어진 수많은 가지와 잎들

내가 밟으며 간다
아픈 밤들이 간다

먼 곳으로부터 온 파도가
아주 익숙한 소리를
빈 이마에 부리고 갔다

망초꽃

동그란 오지항아리에 망초꽃 담아
책상 위에 두고 새우잠을 자고 나니
어머! 그 새 골이 나서
노란 꽃술
동그랗게 떨구었네

다시는 널 꺾지 않을게
눈 맞추다
은근히 유혹하는 네 향에 취해
눈감넌 어린 날

너 그리워
이름 모를 냇가 혼자 거닐다가
달 밝은 밤
혼미한 황홀 다잡지 못하고
아픈 다리 핑계로 네게 폭삭 넘어져
슬며시 눈 감네

칠월의 숲

장마가 사랑한 숲은
도무지 굴욕도 패배도 모르는
검푸른 베레모 군인들의 팔 벌린 함성

사방에서 쏘아 올린 풀물이
쉼 없이 터지며 번지는
축제의 광장

잊힌 봄꽃
낮은 포복으로
씨앗을 익히고

거친 숨 내린 뒤
잎 떨 군 가지가 찬바람 보낼 때
그제야 보이지

돌아오기 위해 가는 것
가기 위해 돌아오는 것

팔월의 노래

검은 숨 휘몰며 내닫는 팔월의 이마에
잠시 시간을 내려놓던
대청마루

분합문 밖에선
골담초꽃 향에 애 끓이던 복숭아
배를 불리고 있었다

똑똑 엄마의 칼국수 써는 소리
먼 외가댁 장독대 아래
채송화 꽃그늘로 떨어지고

속눈썹 날리는 줄 모르고
솔 뫼 언덕을 뛰던 바람이
부채 속으로 들었었지

어느 것이 먼저던가 헤아리다가
그마저도 나른하게 누워
아버지 무릎아래 쌕쌕

아이 숨소리도 하얗던

한낮

그리고 경계

밤이다
아니다 깊은 바다다
상실의 흔적이다

회리바람에 휩싸여 솟구쳐 올라가던 젊은 날의 상념들이
어느 날
서리처럼 내리고
퇴비 위에 버려진
마른 호박넝쿨로 누워있다

아기 손가락 끝에서 방울방울 떨어지던
선홍빛 꿈 불러냈다

춤을 춘다
폴폴 눈송이도 하늘 가득 일어나
춤을 춘다

너
나

그래
우리다

아이들의 사물놀이

작은 아이들이
온몸으로 부르는 사물놀이는
폭풍우 휘젓는 바다를 불러왔다

흔들린 바다가 하늘을 흔들어
풀잎이 춤을 춘다

내가 있어 네가 오는가
네가 있어 내가 네 손 잡는가

붉어진 눈동자
진실이 머문 입술에 입맞춤하고
행복으로 촘촘하게 짠
팔을 벌리면

나뭇잎이 맞는 밤도
눈밭에 내리는 햇살 한 줌도
우주를 흔들어 영혼을 깨우는
온통 마중물

4

봄비

아기 눈에 잠 내리듯
봄비 내린다

별꽃도 턱 치켜
비를 들이고
목련 입술도
촉촉이 젖는다

젖어 드는 것이
너뿐이더냐
나도 옴짝 못하고
네 곁에 서 있다

입술에 남은 기억
잊힐까 두려워

스페인의 아침

젖은 길은
눈이 멀었다

안개 속에서
옥색 치마를 입은 엄마가
몽환의 춤을 춘다
축축한 차창을 닦으며 눈을 비빈다

두 팔 벌려 돌던 어제를
콧노래가 불러올 수 있을지
빙글빙글 머리가 돌고
빙글빙글 내일이 돌고

흔들리는 몸 고추 세우고
검지손가락을 터진 입술에 댄다

목욕통 마개를 고치며 땀을 닦던
스페인 남자의 선한 미소가
번개처럼

길 앞에 있다

아침이
가까이 오고 있다

가자 그래
내일로 가자

종로 거리

거리에 햇살이 밀려나면
엳어진 나뭇잎 그림자 위에
단막극이 열린다

포장마차 붉은 전등 아래서
흔들흔들 몰려갔다 몰려오는
머리 없는 군상들

낮보다 더 밝은 거리는
가로수에 겉옷 걸어 놓고
꽃보다 붉은 심장이 탄다

말간 세월의
낯선 낯이 팔린다
그곳, 종로 거리엔

비

좋다
빗소리가 좋다

목 놓아 그리움을 토해도
모두 다 숨겨줄 듯
바닥을 치는 저 빗소리
참 좋다

네게서 자유로워지고 싶다고 외치던
어젯밤 꿈속처럼
소리 낼 수 있어서 좋다

세상의 모든 소리를 잠재우고
오롯이 나만을 위한 음악이어서
정말 좋다

울어라 울어라 비야
밤이 새도록

호수

산을 품은 호수는
무척 설레나보다

발그레 얼굴 붉히고
입술 파르르 떤다

새벽

새벽
개구리 울음소리는
청빈이다

욕심 앉기 전의
맑은 샘물이다

무거웠던 어제가
박하사탕 미소로 변하는 순간이다

동쪽 바람 끌어와
싸리비로 앞마당 쓰는 소리다

시 한 편으로 막을 올리는
소극장이다

4월

꽃이 피었다
산기슭 양지에 진달래 개나리
하늘거렸다

바람 더러 조심하라 당부하고 돌아선 후
산등성이 물드는 것 좋아라
눈웃음도 푸르렀다

깊은 밤
검은 비 내린 후 성큼성큼
다가오는 무거운 발걸음 소리에
꽃이 숨었다

여린 손 거둘 때
해도
눈감고 넘어갔다
일절 꽃 이름 하나 거론되지 않았다

일렁이는 푸른 너울이
창 앞까지 와서 눈을 부릅떴다
쿵쾅거리는 가슴 쥐고 4월이
저만큼 뒷걸음쳤다

허수아비 하나
커튼 뒤에 숨어서
보고
있었다

5월의 남산

송홧가루 축포로 터지는 숲엔
화폭을 꼼꼼하게 메우는
눈빛 형형한 청춘만 있다

헐떡이는 가슴
무릎 위에 내려놓고
뒤를 돌아보면

노 화백의 굵은
선만 남을 화폭

그러나 5월의 남산은
사방으로 튀는 꿈이
팔 벌린 관객에게로 내려

그들을 사랑하지 않을 수 없다는
젊은 화가
다시 붓을 들고 뛴다

비 오는 날

비 오는 날은
얼굴 치켜들고 눈을 감을 일이다

차가운 물방울에
맨살을 내어 줄 일이다

눈물도 바람도 비에 젖어 흐르면
그냥 맞을 일이다

비가 가고
큰비가 가고
머리칼 사이를 바람이 지나면
온몸으로 기쁨을 맞을 일이다

비 오는 날은
눈 감고 조용히 비를 맞을 일이다

폭서

어서 밧줄을 던져라
황혼이 몰려와 악귀같이 먹기 전

검붉은 화살이 쏟아진다
비명조차 틀어막을 완력

국화 향 연모하던 하얀 얼굴 너
오너라 어서 오너라
천지를 흔들며 오너라

온 바다을 뒤집을 힘으로
밧줄을 당겨 일어서는 달빛

일엽편주 커다란 은쟁반에 놓고
사색이 된 어부들
그들 손에 밧줄을 던져라

킬킬 웃는 검붉은 보자기 걸어
북풍 아래 던지고

꾹 밟고 가자
어서 가자

입추

풀벌레 소리 따라
끈 하나 간다

휘파람 소리가 샛별을 치면
새벽이 콧등을 비비며 눈을 뜬다

동그란 눈동자로
시간은 가고

깨금빌로 뛰는 평화의 진동을
명료한 공간이 숨죽이며 듣고 있다

손가락 끝만 보던 눈도
닻을 올린다

소리 너머 붙어있던 것들이
붉은색을 끌어
먼 산에 뿌리고 있다

비밀은 창을 넘는다

숲이 있는 저녁

살랑 어둠이 내리는 숲에서
아이들이 놀다 버린 소꿉 장난감 몇 개와
떨구고 간 웃음을 숨기고 싶은지
딱따구리 부리엔 힘이 실렸다

하나둘 아파트엔 불이 켜지고
숲도 손 흔들며 집에 드는데

늙은 소나무 위 딱따구리
아련히 돋는 달빛 잡아
아이들 이름 새기고 또 새긴다

순수는 은총처럼

노르웨이 레르달
바닷가 작은 마을
순수가 있었네

세월과 함께 만들어진
편견과 고집과 포장된 교양을
타인의 눈을 보며 입었던 옷들을
속 깊은 바람은 순간 걷어갔네

탄성 소리와 함께 초록의 요람에서
아이가 되어 노래하며 뛰었네
오랫동안 잊고 살았던 맑은 마음이
가슴을 돌아 계곡으로 바다로 퍼져갔네

사랑하는 그대와
나직한 목소리의 정겨운 벗과
찰랑거리는 물소리와
아련히 내려서는 청남 빛 하늘

손은 절로 모아지고 해당화 빛 화음
황홀하게 하늘로 오르네

레르달 바닷가 마을에
순수는 은총처럼 쏟아졌네

가을을 흔들다

장마 벗은 하늘
잠자리 한 마리 눈감고 유영하다
창안에 갇혔다

순간 유혹에
너만 헤매는 줄 마라

이순을 앞둔 이도
사랑 앞엔 아득하니

유리 벽
걷어내고픈 유혹

썩은 감자 골라내며
날개를 펄럭인다

가을이네

엊저녁 꿈속에 아련하던 사람 못내 아쉬워 혹시나 하고 두리번거리는 출근길 '앙증맞은 국화 한 다발 사서 아가리 넓은 머그잔에 앉혀야지' 하다가 옅은 벽돌색 니트 소매 리듬 맞춰

우아하게 걷고 싶은 마음 산들거리다 그 꽃집 그냥 지나왔네 긴 머리 뒤로 젖히며 낮게 웃네, 가을이네

감 도둑

올려본 하늘 위
황홀한 꿈 두어 개
벅찬 가슴에 품고

인고의 세월도 아름다웠다
화려하게 웃는 잎 줍다가
주인과 눈 맞으면
배시시 웃지
쑥스러운 마음에
입꼬리 더 올리지

가을을 훔치는 그대에게
잰걸음으로 다가오던 겨울
슬며시 등 돌리면
입꼬리 함께 올린 것
아무도 모르지

해설

운명의 수용과 사랑의 현존

삶을 긍정하는 방식

윤성희(문학평론가)

시인에게, 상처의 삶 없이도 한 생애를 살아내는 것이 가능할까. 찢기고 긁히는 아픔이 없는 삶이 과연 가능하기나 한 것일까. 김다원의 시집을 읽다보니 그렇게 보일 수도 있겠다는 생각이 든다. 찢긴 자리를 꿰맨 것은 확실한데 상처의 흔적은 잘 보이지 않는 것이다. 분명 오랜 세월 사용한 내력이 훤히 보이는데 긁힌 자국이 없는 거울과 같은 것이다. 그렇다. 나는 김다원의 시집 『보내지 않은 이별』에서 투명한 거울을 발견한다. 그의 삶을 맑게 투사하는 스크린 하나를 발견한다.

시집의 서문을 먼저 읽는다. "남편이 갑자기 세상을 등진 후 집을 정리했다"는 문장이 강조된 활자처럼 크게 느껴진다. 배우자와의 사별死別. 모든 부부에게 주어진 피할 수 없는 운명이면서 외면하고 싶은 진실이기도 하다. 그런 점에서 이 시집이 품고 있을 정서와 이야기들을 상상해 본다. 많은 경우 사별은 남아있는 자에게 후유증을 동반하게 마련이다. 배우자가 떠나면 '나'의 삶도 끝날 것이라는 감정의 극단에 위태롭게 서 있는 사람도 있다. 상실의 늪에서 오랫동안 발을 빼지 못하는 사람도 있다.

사랑하는 사람과의 사별은 사랑의 대상 그 자체를 잃는 것이다. 그러나 사별 앞에서는 주체인 자신의 일부도 잃게 되어 있다. 추억을 잃고 자존과 소속감을 잃고 삶의 의미를 잃는다. 그 사람이 차지했던 영토가 나의 마음속에서 주인을 잃고 만다. 주인을 잃은 그 자리에 비탄과 공허와 상실의 감정이 찾아와 마음껏 몸을 부풀린다. 애별리고愛別離苦. 굳이 불가의 팔고八苦를 가져다 거들지 않더라도 측량 불가한 고통이 그 옆에 자리를 잡는다.

사별을 겪은 시인이기에 누구보다 아프고 공허했을 것이다. 그러나 이번 시집에는 그녀가 겪었을 통증이나 감정의 격랑이 거의 대부분 직접적으로 노출되지 않는다. 감정이 거칠게 드러나는 경우가 있기는 한데 그래봐야 고작 「서 있는 여자」, 「단상斷想」 정도에 불과하다. 이조차도 사건 이전에 쓰였는지 이후에 쓰였는지 시작詩作의 연대기를 확인하기는 어렵지만 정서적 혼란과 상실의 고통만은 뚜렷이 표현되어 있다. 「서 있는 여자」에서는 바람이 '쿵쾅'거리고 목련꽃이 '으르렁'거린다고 했다. 봄과 가을이 사라졌다고 했다. 「단상斷想」이란 작품도 앞의 시처럼 극단적이다. "너는 가고 그의 아내는 검은 저고리 속에서 구겨진 종이처럼 내팽겨져 있다"거나 "까악 까악 까마귀 소리 사이에 그녀도 악악 소리를 낸다"고 썼다.

그러나 이런 격렬한 정서적 반응은 김다원의 시집에서 아주 예외적인 사례일 뿐이다. 격랑은 가라앉고 마음의 호면湖面에는 가뿐한 바람만 일렁거리고 있다. 시인은 문득 감정적 비약을 통해 좁게 흔들리던 자아를 초월하기에 이른 것일까. "아침을 열고 나온 영혼은 / 운명이란 말을 조용히 내민다"(「끝이 슬프던 오후」)고 한 것을 보면 시인의 사고에 전환을 가져온 것은 운명의 수용에 있었던 것 같다.

> 누군가 내게 운명처럼 온다면
> 나는 호젓한 산길에서 노란 아기붓꽃을 만난 듯
> 얼른 안을 거야
> 내 당신이 간 것을 운명으로 내려놓듯
>
> —「운명처럼」 부분

운명은 의지의 관장으로부터 벗어난 어떤 초월적 힘이다. "당신이 간 것"은 '나'나 '당신'의 의지의 영역 밖에서 일어난 운명의 소관이라는 인식, 그 거리두기로부터 화자는 들끓는 마음에서 벗어날 수 있었던 것이다. 그리하여 화자는 한때 마음의 둘레를 봉쇄하고 있던 철책을 걷어내고 앞으로 자신에게 닥쳐오게 될 일들을 운명으로 수용하고자 한다. 과연 사람의 힘만으로 무엇을 할 수 있단 말인가. "태풍에 잎사귀 하나 내어주지 않는 / 나무 있더냐 // 어깨에 손 얹고 정답던 그들도 / 쉬이 헤어지거늘 // 그냥 그렇게 만나 세월 녹이며 산 우리"(「그대 속의 시냇물」)라고 별 수 있겠느냐는 것이다. 나뭇가지에 견고히 붙어 있던 잎사귀도 태풍 앞에서 무력하듯이 우리 또한 운명의 힘 앞에는 어쩌지 못할 것이라는 인간 한계에 대한 자각, 이별도 결국 자연의 이치일 뿐이라는 깨달음은 화자가 운명을 받아들이는 또 하나의 계기였을 것이다.

상실의 현실을 운명으로 받아들여 통증을 완화하는 한편으로, 시인은 이미 떠나간 사람을 공허의 자리로 다시 불러들인다. 그가 차지했던 내 마음의 영토를 회수하여 재임대하는 방식이 아니라 떠나간 임차인을 다시 호명하는 방식으로 훼손된 삶을 복원하려는 것이다. 그것은 가령,

> 지천이다
> 노란 너울이 초록 융단 위에서
> 춤을 춘다
>
> 손잡고 함께 돈다
>
> 그대가 온다
> 그대가 온다

빙빙 도는 군무 사이로

그대가 온다

—「민들레」 전문

처럼 그리움의 대상을 민들레와 같은 사물에 투영하는 방식으로 실현한다. '그대'는 이미 떠난 사람이지만, 시인은 주변에 흔하게 산재하는 일상적 사물을 끌어들여 '그대'의 현존을 일상화하고 싶었던 것이다. 그리하여 '그대'는 시공을 초월하여 언제 어디서나 화자의 주변에 머물 수 있게 됨으로써 시인의 사부곡思夫曲은 완성된다. "아침 햇살 받은 미루나무 잎이 가늘게 떨 때나 / 붉은 망고 빛 배를 가진 새가 포르르 날아오를 때나 / 붕 하는 소리와 함께 버스가 떠날 때 / 언제나 당신은 그곳에 있"(「운명처럼」)을 수 있는 것이다. 한용운의 저 유명한 시적 발상처럼 '임은 갔지만 나는 임을 보내지 아니한 것'과 다를 바 없게 된다.

슬픔이 없다

그는 갔는데

울음의 강은 나를 비켜

멀리 갔나보다

친구가 준 벌집술 두어 모금에

가만가만 몸이 흔들린다
당신과 함께 흔들린다

슬픔이 없다
그는 갔는데

보내지 않은 이별은
이별이 아니다

―「보내지 않은 이별」 전문

"슬픔이 없다"는 진술은 반어일 것이다. 아무리 운명에 순응한다 해도 슬픔이 없을 리 없다. "슬픔이 없다"고 반복하고 있는 것은 슬픔이 그만큼 크다는 것을 반증하는 장치니까. 그런 반어 장치 속에서 시인은 다시 한 번 강조한다. "보내지 않은 이별은 / 이별이 아니"라고. 이별을 이별로 인정하고 싶지 않은 것이다. 그렇게 애써 현실을 부정하고는 있지만 부정의 강도는 '그'에 대한 그리움의 강도에 비례할 뿐이다. 제2부에 해당하는 시편들을 가득 채우고 있는 그리움의 정서도 현실을 받아들일 수밖에 없는 화자의 심리를 반영한 것에 다름 아니다.

당신이 주신 그릇이
기쁨으로 가득 차서

내 눈물
담을 곳이 없습니다

그래도 흐르는 눈물은
당신과 다시 만날 때
단장할 물로
간직하렵니다

—「염원」 전문

사랑하는 사람의 현존을 느끼고는 있어도 끝내 이별의 상황까지 부정할 수는 없다. 기쁨 가득한 재회의 날을 위해서 넘치는 눈물을 아껴두겠다는 것은 결국 이별을 받아들이고 있다는 고백이다. 시인은 여전히 이별을 벗어날 수 없었던 것이다. 그럼에도 다시 또 이별을 견디는 것은 "당신과 다시 만날" 앞날에 대한 믿음 때문이다. 상황을 받아들이면서도 끝내 절망할 수 없는 이유가 거기 있다.

사실 시인에게는 절망의 삶에서도 기쁨과 에너지를 끌어내는 특별한 능력이 있는 것 같다. 심리학이나 정신의학에서 흔히 회복탄력성이라고 부르는 긍정적인 힘, 곧 훼손된 것을 복원해내는 능력이 예사롭게 보이지 않는다. 나는 그것을 긍정의 원형질이라고 부르고 싶다. 예컨대 「풀꽃마을 1」에 보이는 것처럼 "눈에 보일 것 같지도 않은 / 풀꽃 씨 하나 떨어져 / 아름다운 세상 만들 듯" "자갈 같은 마음 밭에도 / 소망 하나는 자랄 수 있"다는 긍정으로의 인식 전환은 김다원 시의 중요한 시적 자원이 아닐 수 없다. 그렇다면 이런 긍정의 힘이 솟아오르는 발원지는 어디인가. 나는 그 지점을 건강하게 동심을 가꾸었던 유년의 시간에서 찾는다. 「동감」, 「팔월의 노래」, 「망초꽃」 등에서 보이는 유년의 행복한 회상은 현재의 화자를 긍정의 숲으로 이끌어 건강한 복원력을 갖게 하는 에너지라고 생각한다.

살랑 어둠이 내리는 숲에서
아이들이 놀다 버린 소꿉 장난감 몇 개와
떨구고 간 웃음을 숨기고 싶은지
딱따구리 부리엔 힘이 실렸다

하나둘 아파트엔 불이 켜지고
숲도 손 흔들며 집에 드는데

늙은 소나무 위 딱따구리
아련히 돋는 달빛 잡아
아이들 이름 새기고 또 새긴다

—「숲이 있는 저녁」 전문

이런 작품은 그냥 읽으면 된다. 지나치게 의미를 따지지 말고 낱말이 만들어내는 분위기와 정경을 떠올리면서 동심이 묻어나는 목소리를 들으면 된다. 동요적인 달빛이 소박한 자연 소품에 스며들면 잡다한 세상사조차 제자리를 찾아 고요히 침잠하는 것이다. 그리고 소박하고 순수한 감정을 투사한 스크린에서 재잘거리는 아이들 소리가 들려오는 것이다.

이것 때문이었나 보다. 극한의 애별리고愛別離苦가 그의 시에서는 담담한 그리움으로, 무겁지 않은 슬픔으로 느껴졌던 것은. 순수와 긍정의 힘을 삶의 원형질로 내장하고 있었으므로 그의 찢어지고 긁혔던 상처의 자리는 이내 깨끗한 모습으로 복원될 수 있었다. 김다원 시의 미덕은 우회로를 거치지 않는 순수와 긍정의 표백에 있다.

보내지 않은 이별

지은이 · 김다원
펴낸이 · 유재영
펴낸곳 · 주식회사 동학사

1판 1쇄 · 2019년 8월 30일
출판등록 · 1987년 11월 27일 제10-149

주소 · 04083 서울 마포구 토정로53 (합정동)
전화 · 324-6130, 324-6131 | 팩스 · 324-6135
E-메일 | dhsbook@hanmail.net
홈페이지 | www.donghaksa.co.kr
www.green-home.co.kr

ISBN 978-89-7190-686-6 03810